中华人民共和国推荐性行业标准

公路工程设施支持自动驾驶技术指南

Technical Guidelines for Highway Engineering Facilities Supporting Automated Driving

JTG/T 2430—2023

主编单位：交通运输部公路科学研究院
批准部门：中华人民共和国交通运输部
实施日期：2023 年 12 月 01 日

人民交通出版社股份有限公司
北　京

律师声明

本书所有文字、数据、图像、版式设计、插图等均受中华人民共和国宪法和著作权法保护。未经人民交通出版社股份有限公司同意，任何单位、组织、个人不得以任何方式对本作品进行全部或局部的复制、转载、出版或变相出版。

本书封面贴有配数字资源的正版图书二维码，扉页前加印有人民交通出版社股份有限公司专用防伪纸。任何侵犯本书权益的行为，人民交通出版社股份有限公司将依法追究其法律责任。

有奖举报电话：(010) 85285150

北京市星河律师事务所
2020 年 6 月 30 日

图书在版编目（CIP）数据

公路工程设施支持自动驾驶技术指南：JTG/T 2430—2023 / 交通运输部公路科学研究院主编. — 北京：人民交通出版社股份有限公司，2023.10

ISBN 978-7-114-19031-5

Ⅰ.①公… Ⅱ.①交… Ⅲ.①道路工程—工程施工—应用—汽车驾驶—自动驾驶系统—指南 Ⅳ.①U415-62 ②U463.61-62

中国国家版本馆 CIP 数据核字（2023）第 190425 号

标准类型：中华人民共和国推荐性行业标准
标准名称：公路工程设施支持自动驾驶技术指南
标准编号：JTG/T 2430—2023
主编单位：交通运输部公路科学研究院
责任编辑：丁　遥
责任校对：孙国靖　宋佳时
责任印制：张　凯
出版发行：人民交通出版社股份有限公司
地　　址：(100011) 北京市朝阳区安定门外外馆斜街 3 号
网　　址：http://www.ccpcl.com.cn
销售电话：(010) 59757973
总 经 销：人民交通出版社股份有限公司发行部
经　　销：各地新华书店
印　　刷：北京市密东印刷有限公司
开　　本：880×1230　1/16
印　　张：3
字　　数：67 千
版　　次：2023 年 10 月　第 1 版
印　　次：2023 年 10 月　第 1 次印刷
书　　号：ISBN 978-7-114-19031-5
定　　价：40.00 元

（有印刷、装订质量问题的图书，由本公司负责调换）

중화人民共和国交通运输部

公 告

第 44 号

交通运输部关于发布《公路工程设施支持自动驾驶技术指南》的公告

现发布《公路工程设施支持自动驾驶技术指南》（JTG/T 2430—2023），作为公路工程推荐性行业标准，自2023年12月1日起施行。

《公路工程设施支持自动驾驶技术指南》（JTG/T 2430—2023）的管理权和解释权归交通运输部，日常管理和解释工作由主编单位交通运输部公路科学研究院负责。

请各有关单位注意在实践中总结经验，及时将发现的问题和修改建议函告交通运输部公路科学研究院（地址：北京市海淀区西土城路8号，邮政编码：100088）。

特此公告。

中华人民共和国交通运输部
2023 年 9 月 14 日

交通运输部办公厅	2023 年 9 月 15 日印发

前　言

根据《交通运输部关于下达 2019 年度公路工程行业标准制修订项目计划的通知》（交公路函〔2019〕427 号）的要求，由交通运输部公路科学研究院承担《公路工程设施支持自动驾驶技术指南》（以下简称"本指南"）的制定工作。

国内外的研究与实践表明，完善公路基础设施，使之更加适应自动驾驶车辆的认知和行为特点，为自动驾驶车辆提供辅助信息，能够加快自动驾驶技术实用化的进程。为了更好地支持车辆在公路上进行自动驾驶，编制组对国内外自动驾驶技术与公路工程设施的发展现状进行了广泛深入的调研，分析了国内外自动驾驶技术相关资料，总结了我国自动驾驶测试路与示范路中公路工程设施建设、运营管理的经验与教训，广泛征求了专家意见，完成了本指南的编制工作。

本指南包括 11 章和 2 个附录，规定了公路工程设施支持自动驾驶的技术要求。第 1~3 章分别为总则、术语和符号、基本规定，第 4~11 章分别对公路工程设施中的自动驾驶云控平台、交通感知设施、交通控制与诱导设施、通信设施、定位设施、路侧计算设施、供配电设施和网络安全设施提出了技术要求，附录 A 和附录 B 分别给出了公路工程设施支持自动驾驶的典型应用场景配置示例和典型车路通信应用场景说明。

请各有关单位在执行过程中，将发现的问题和意见，函告本指南日常管理组，联系人：侯德藻（地址：北京市海淀区西土城路 8 号，邮编：100088；电话：010-82019520；传真：010-62370567；电子邮箱：dz. hou@ rioh. cn），以便修订时参考。

主　编　单　位：交通运输部公路科学研究院
参　编　单　位：北京中交国通智能交通系统技术有限公司
　　　　　　　　北京交科公路勘察设计研究院有限公司
　　　　　　　　长安大学
　　　　　　　　华为技术有限公司
　　　　　　　　北京百度智行科技有限公司
　　　　　　　　北京高德云图科技有限公司
　　　　　　　　千寻位置网络有限公司
　　　　　　　　清华大学

主　　　　编：岑晏青
主要参编人员：侯德藻　张卓敏　谌　仪　张金金　卢立阳　李茜瑶

晁　遂　刘见振　龚思远　李明超　胡　星　姜　明
王立岩　史　睿　姚丹亚

主　　　审：李克强

参与审查人员：吴春耕　钟闻华　王　太　张慧彧　王恒斌　马超云
贺志高　陈　冉　刘凇男　周　伟　金　凌　李春风
王岳平　杨晓东　胡彦杰　毕玉峰　葛雨明　张　伟
王　谷　邱　淮　葛　昱　董雷宏　田丽萍　孙芙灵
左志武　王　刚

参 加 单 位：招商局重庆交通科研设计院有限公司
湖南湘江智能科技创新中心有限公司
阿里云计算有限公司
同济大学

参 加 人 员：李家文　李　焱　周　健　赵鸿铎　刘大鹏　张　利
王宏丹　梅新明　盛　刚　刘志罡

目　次

1 总则 ··· 1
2 术语和符号 ··· 2
  2.1 术语 ·· 2
  2.2 符号 ·· 3
3 基本规定 ··· 5
4 自动驾驶云控平台 ·· 7
  4.1 一般规定 ·· 7
  4.2 功能要求 ·· 8
  4.3 性能要求 ·· 10
  4.4 布设要求 ·· 11
5 交通感知设施 ··· 12
  5.1 一般规定 ·· 12
  5.2 交通流检测设施 ·· 12
  5.3 交通事件检测设施 ··· 13
  5.4 基础设施状态监测设施 ·· 13
  5.5 交通气象环境监测设施 ·· 14
  5.6 交通参与者检测设施 ··· 15
6 交通控制与诱导设施 ··· 16
  6.1 一般规定 ·· 16
  6.2 交通标志标线 ··· 16
  6.3 数字交通标志标线 ··· 17
  6.4 交通信号控制设施 ··· 17
  6.5 交通信息发布设施 ··· 18
  6.6 交通警示设施 ··· 18
7 通信设施 ··· 19
  7.1 一般规定 ·· 19
  7.2 通信传输网 ·· 19
  7.3 直连通信设施功能要求 ·· 20
  7.4 直连通信设施性能要求 ·· 20
  7.5 直连通信设施布设要求 ·· 21
  7.6 蜂窝移动通信设施 ··· 22

8 定位设施	23
8.1 一般规定	23
8.2 高精度导航卫星定位设施	23
8.3 路侧辅助定位设施	25
9 路侧计算设施	27
9.1 一般规定	27
9.2 功能要求	27
9.3 性能要求	28
9.4 布设要求	28
10 供配电设施	29
11 网络安全设施	30
11.1 一般规定	30
11.2 路侧设施安全物理环境要求	30
11.3 路侧设施安全通信网络要求	31
11.4 路侧设施安全区域边界要求	32
11.5 路侧设施安全计算环境要求	32
附录 A 公路工程设施支持自动驾驶的典型应用场景配置示例	34
附录 B 公路工程设施支持自动驾驶的典型车路通信应用场景说明	38
本指南用词用语说明	40

1　总则

1.0.1　为更好地支持车辆在公路上进行自动驾驶，提出公路工程设施提供辅助信息的能力与范围，指导公路工程设施建设，制定本指南。

1.0.2　本指南适用于开展自动驾驶试验、测试、应用示范的新建和在役高速公路及具备条件的等级公路。

1.0.3　公路工程设施支持自动驾驶，应为车辆自动驾驶提供一定程度的信息辅助，不改变车辆控制主体地位。

1.0.4　公路工程设施支持自动驾驶应遵循下列原则：
　　1　突出实效。应有效提高公路交通系统运行的社会经济效益，包括提高安全、效率，节约能源消耗等。
　　2　技术先进。鼓励集成应用先进技术，应积极稳妥地使用新方法、新设备、新技术，充分发挥技术引领作用。
　　3　融合创新。应统筹做好与既有公路工程设施的融合及其创新利用工作。应统筹兼顾公路基础设施数字化、管控智能化以及支持自动驾驶的功能。
　　4　分步实施。应在适度超前规划、设施设备向前兼容的基础上，根据应用场景，分路段、分阶段建设。

1.0.5　公路工程设施支持自动驾驶除应符合本指南的规定外，尚应符合国家和行业现行有关强制性标准的规定。

2 术语和符号

2.1 术语

2.1.1 自动驾驶 automated driving
车辆以自动的方式持续地执行部分或全部动态驾驶任务的行为，也可称为驾驶自动化。

2.1.2 自动驾驶车辆 automated driving vehicle
具有自动驾驶能力的车辆。按能力分为5个等级，分别为：1级自动驾驶车辆（部分驾驶辅助车辆）、2级自动驾驶车辆（组合驾驶辅助车辆）、3级自动驾驶车辆（有条件自动驾驶车辆）、4级自动驾驶车辆（高度自动驾驶车辆）和5级自动驾驶车辆（完全自动驾驶车辆）。

2.1.3 车路协同 vehicle infrastructure cooperation
通过人、车、路信息交互，实现车辆和道路基础设施之间、车辆与车辆之间、车辆与人之间的智能协同与配合，达到改善驾乘行驶体验、提升交通安全、提高通行效率、支持绿色环保等目的。

2.1.4 自动驾驶云控平台 automated driving cloud control platform
支持自动驾驶，基于云计算技术架构的公路交通运行管控平台。

2.1.5 路侧计算设施 roadside computing facilities
布设在公路沿线，具备信息汇聚和转发、数据快速处理与融合计算等功能的设施。

2.1.6 直连通信 direct wireless communication
通信终端通过无线电传输方式直接进行通信和信息交换。

2.1.7 交通参与者检测设施 traffic participants detecting facilities
识别并检测某一区域内的机动车、非机动车、行人等交通参与者及其位置的检测设施。

2.1.8 数字交通标志标线　digital traffic signs and markings

将公路交通标志标线承载的交通规则、公路状态等信息转化为电子设备可辨识的数字信息，并以信息化的手段进行发布或传输的设施。

2.1.9 车路通信　infrastructure-vehicle communication

利用通信技术，实现车载系统与路侧设施间的无线信息传输。

2.1.10 基准站　reference station

在控制点上架设全球卫星导航系统测量型接收机、通信终端等设备，在一定时间内连续实时观测、接收卫星信号，并将数据传输给数据综合处理系统，由其处理后播发差分改正数据的设施。

2.1.11 监测基准站　observation and supervision reference station

用于观测、存储、传输卫星信号数据以及进行差分数据质量评估监测，并具有基准坐标的基准站。

2.1.12 控制站　control station

高精度导航卫星定位系统的地面信息处理和地面设施运行控制中心。完成卫星导航增强信息的生成和质量监测等业务功能，以及基准站等设施的控制管理。

2.1.13 原始观测数据　raw observation data

基准站接收机接收到导航卫星的测距信号后输出的伪距、载波相位、多普勒频移、载噪比、导航电文等数据，也可称为基准站原始观测数据。

2.2 符号

AI——人工智能（Artificial Intelligence）；
DTLS——数据包传输层安全性协议（Datagram Transport Layer Security）；
ETL——数据抽取、转换、加载（Extract-Transform-Load）；
GNSS——全球导航卫星系统（Global Navigation Satellite System）；
HTTP——超文本传输协议（Hyper Text Transmission Protocol）；
HTTPS——安全超文本传输协议（Hyper Text Transfer Protocol Secure）；
IaaS——基础设施即服务（Infrastructure as a Service）；
IP——互联网协议（Internet Protocol）；
IPsec——互联网安全协议（Internet Protocol Security）；
LTE——通用移动通信技术的长期演进（Long Term Evolution）；
MQTT——消息队列遥测传输（Message Queuing Telemetry Transport）；

MSTP——多业务传送平台（Multi-Service Transport Platform）；
OTN——光传送网（Optical Transport Network）；
PDU——协议数据单元（Protocol Data Unit）；
PTN——分组传送网（Packet Transport Network）；
SDH——同步数字体系（Synchronous Digital Hierarchy）；
SNMP——简单网络管理协议（Simple Network Management Protocol）；
SSH——安全外壳协议（Secure Shell）；
SSL——安全套接层（Secure Socket Layer）；
TCP——传输控制协议（Transmission Control Protocol）；
TLS——传输层安全性协议（Transport Layer Security）；
TR069——TR069 协议（Technical Report 069）；
UDP——用户数据报协议（User Datagram Protocol）；
UTC——世界协调时间（Coordinated Universal Time）；
VxLan——虚拟扩展局域网（Virtual Extensible Local Area Network）。

3 基本规定

3.0.1 公路工程设施中的自动驾驶云控平台、交通感知设施、交通控制与诱导设施、通信设施、定位设施、路侧计算设施、供配电设施、网络安全设施等联合或单独实现支持自动驾驶的功能。

3.0.2 公路工程设施支持自动驾驶的总体结构如图 3.0.2 所示。

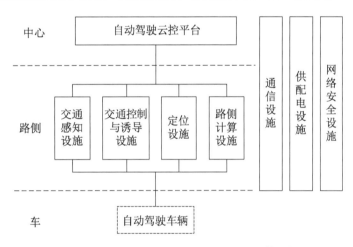

图 3.0.2 公路工程设施支持自动驾驶总体结构

条文说明

自动驾驶云控平台、路侧设施和自动驾驶车辆之间通过通信设施实现信息交互。供配电设施与网络安全设施分别为相关设施提供电能与网络安全保障。

3.0.3 公路工程设施支持自动驾驶的基本功能应符合表 3.0.3 的规定。

表 3.0.3 公路工程设施支持自动驾驶的基本功能

设施类别	支持自动驾驶的基本功能
自动驾驶云控平台	汇聚、分析、处理、计算、存储、发布与交换所辖路段中与自动驾驶相关信息。统筹管理其他设施向自动驾驶车辆提供辅助信息
交通感知设施	采集公路交通流、交通事件、基础设施状态、气象环境、交通参与者状态等信息,支撑自动驾驶云控平台或路侧计算设施向自动驾驶车辆提供辅助信息
交通控制与诱导设施	向自动驾驶车辆提供交通控制与诱导辅助信息

续表 3.0.3

设施类别	支持自动驾驶的基本功能
通信设施	实现自动驾驶云控平台、路侧设施与自动驾驶车辆之间的信息交互
定位设施	提供定位信息
路侧计算设施	按需完成部分现场信息的本地快速计算与处理
供配电设施	为相关设施提供电能供给
网络安全设施	保护公路工程设施支持自动驾驶的硬件、软件、数据不被破坏、篡改和泄露

3.0.4 公路工程设施支持自动驾驶的建设应评估既有交通安全设施、服务设施、管理设施等的功能与性能，当符合本指南的技术规定时，应考虑融合利用。公路工程设施支持自动驾驶，应同时考虑支持公路基础设施数字化和管控智能化的功能。

3.0.5 公路工程设施支持自动驾驶应根据公路支持自动驾驶的目标，并结合技术经济性分析，按照图 3.0.5 所示流程进行遴选后开展建设。

图 3.0.5 公路工程设施支持自动驾驶的建设流程

3.0.6 公路工程项目可选择不同的技术方案实现支持自动驾驶的功能。公路工程设施支持自动驾驶的典型应用场景配置示例见本指南附录 A。

3.0.7 需要进行时间同步的公路工程设施，应与 UTC 保持时间同步。

4 自动驾驶云控平台

4.1 一般规定

4.1.1 自动驾驶云控平台按照其管理范围可分为路段自动驾驶云控平台、区域自动驾驶云控平台和路网自动驾驶云控平台，也可简称为路段云、区域云和路网云，总体架构如图 4.1.1 所示。

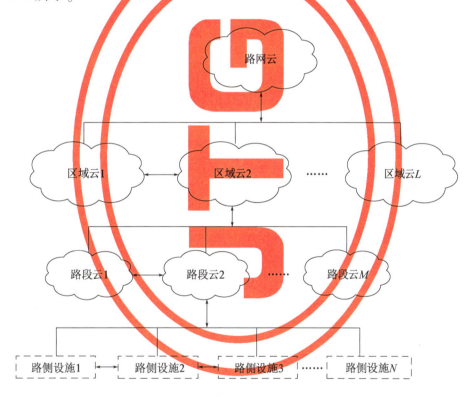

图 4.1.1 路段云、区域云和路网云总体架构

4.1.2 本指南相关技术要求适用于路段云。

4.1.3 路段云应完成交通信息的汇聚、分析、处理、计算、存储、发布与交换，对公路工程设施支持自动驾驶的功能进行统一管理，接收自动驾驶车辆传送的信息，向自动驾驶车辆提供辅助信息。

4.2 功能要求

4.2.1 云计算功能应符合下列规定：

1 应按需配备计算、存储、网络、安全、运维资源，采用云计算 IaaS 方式，实现多种计算架构的物理资源虚拟化。

2 计算、存储、网络资源池应具备快速弹性扩展资源的能力，当监测到计算、存储、网络资源使用超过阈值时，可弹性调配、共享、扩展相关资源。

3 云计算资源池宜同时包括 AI 算力型、高性能计算型、低时延控制型服务器；存储资源池应采用分布式存储，实现高性能、高可靠、高容错、一致性的数据存储与访问，具备负载均衡、冗余备份、快速恢复等功能。

4 应支持本地时间序列数据库与消息队列等服务，满足低时延数据处理与存储的需求；应具备 ETL 数据处理、数据分析、数据质量管理功能，满足多源数据低时延处理的需求。

5 宜具备与路侧计算设施的资源协同功能，对路侧计算设施进行统一的资源管理。

4.2.2 应配置电子地图。电子地图功能应符合下列规定：

1 电子地图应包括静态数据图层和动态数据图层。

2 静态数据图层应包含桥涵、隧道、路线、交叉、交通工程及沿线设施等基本交通构成要素。

3 动态数据图层宜包括自动驾驶车辆、交通感知、交通控制与诱导等数据。

4 电子地图应能够对交通流状态、交通事件、交通气象环境、交通控制与诱导等信息进行表达和前端展示。

5 静态数据图层的制作、更新应遵循电子地图、电子公路图的国家及行业相关标准要求。

4.2.3 信息接入应符合下列规定：

1 应接入路段视频监控数据。

2 应接入交通感知设施产生的交通流检测、交通事件检测、基础设施状态监测、交通气象环境监测、交通参与者检测等数据。可接入人工输入和第三方数据平台提供的相关信息。

3 宜接入重点营运车辆的车辆属性、运行状态等信息。

4 可通过蜂窝移动通信设施或直连通信设施接入自动驾驶车辆上报的车辆位置、车辆故障等信息。

4.2.4 信息融合处理与管理应符合下列规定：

1 应对所接入信息进行融合处理，生成路段交通流、交通事件、基础设施状态、交通气象环境、交通参与者等交通感知信息。

  2 可自动生成交通流、交通事件、基础设施状态、交通气象环境、交通控制与诱导和设施工作状态等图表、报告，并支持快速检索。

  3 应根据交通感知信息自动生成交通控制与诱导等决策建议。

  4 应具备数据统一管理和跨机构、跨行业、跨平台数据交换共享的功能。

4.2.5 信息发布应符合下列规定：

  1 应根据设定的车路通信方式与信息交互流程进行交通信息发布和内容监管。信息发布应具有自动、半自动和人工三种模式。

  2 应将交通管控、交通诱导提示、交通警示等信息通过交通控制与诱导设施进行发布，并应具备发布内容实时反馈功能。

  3 应具备向第三方数据平台发送信息的对外通信接口。可通过车载终端、移动终端应用软件、服务出行网站、交通服务热线、交通广播、手机短信等方式发布交通信息。

4.2.6 设施管理应符合下列规定：

  1 应具备路侧设施运行状态在线管理的功能，支持远程维护。

  2 应协调路侧计算设施之间的信息交换。应支持路侧计算设施应用软件的远程安装、更新、调试和卸载。

4.2.7 通信接口与协议应符合下列规定：

  1 路段云与路侧设施以及车辆的通信接口应支持 TCP、UDP/IP 协议和消息中间件方式，宜支持 HTTP、MQTT、SNMP/TR069 等协议。

  2 路段云与其他信息系统的通信接口应支持 TCP、UDP/IP 协议、HTTP 协议和消息中间件方式，通过 Web 服务接口进行数据交互。

  3 可接入 4G/5G 等蜂窝移动通信网络。

4.2.8 应具备数据存储与备份功能，实时存储从路侧设施、自动驾驶车辆、第三方数据平台汇聚的信息，并存储数据处理与融合后的结果。

4.2.9 可支持紧急呼叫及其他应急救援服务。

条文说明

  紧急呼叫是车辆遭遇紧急情况，车辆自动或用户主动触发的紧急呼救。路段云可以通过紧急呼叫获取遇险车辆数据，为后续救援、帮助提供辅助。

4.2.10 当路段云主时钟外部基准信号缺失时，主时钟服务器应具备时钟保持功能。

4.2.11 路段云的架构、功能和性能,应能够兼容互通、互认共享,可根据需要区域成网。

4.3 性能要求

4.3.1 云计算资源池性能应符合下列规定:

1 应根据路侧设施数量、路侧设施上传数据量、自动驾驶车流量、自动驾驶车辆传送数据量、第三方数据平台交互数据量、业务量等因素综合考虑配置计算、存储、网络、安全、运维资源。

2 应按需配置冗余资源。

3 路段云计算资源可参照表4.3.1的示例进行配置。

表4.3.1 100km双向六车道高速公路路段云计算资源配置示例

基本能力	配置示例
云计算资源池	500核CPU、5TB内存、1PB存储、AI算力1 000TOPS的虚拟资源池
网络能力	4Tbit/s云计算数据中心交换机、40Gbit/s设备网络连接,10Gbit/s服务器网络连接,支持VxLan等云计算网络设备

4.3.2 电子地图的性能应符合下列规定:

1 车道边缘线、车道分界线、车种专用车道标线平面位置的绝对误差不应大于1m,100m内相对误差不应大于0.5m。

2 静态数据图层应能够兼容主流的地图空间数据存储格式。在采用数据库存储静态数据图层时,应选择与自动驾驶云控平台兼容的数据库类型。

3 静态数据的查询接口响应时间不宜大于1s。

条文说明

动态数据图层中主要数据类型的接口参数示例见表4-1。

表4-1 电子地图动态数据接口参数示例

接口参数	参数说明
数据单元ID	数据单元是描述交通状态、事件或交通管控指令等信息的最小数据集合。数据单元ID为其唯一标识编码
数据单元类型	1表示自动驾驶车辆数据,2表示交通相关视频数据,3表示交通流采集数据,4表示交通事件采集数据,5表示互联网地图应用数据,6表示交通管控数据……
关联道路类型	0X01表示道路,0X02表示车道,0X03表示路口……
数据值	数据单元中用于量化表达的数据项的数值,如车辆行驶速度、拥堵事件排队长度等
起始位置	数据单元所描述交通状态、事件或交通管控指令,在关联道路上的起始点位置
结束位置	数据单元所描述交通状态、事件或交通管控指令,在关联道路上的结束点位置

续表 4-1

接口参数	参数说明
起始时间戳	数据单元所描述交通状态、事件或交通管控指令发生或生效的起始时间。数据格式一般为 yyyy-MM-dd HH：mi：ss，如 2019-03-31 07：07：07
结束时间戳	数据单元所描述交通状态、事件或交通管控指令发生或生效的结束时间。数据格式一般为 yyyy-MM-dd HH：mi：ss，如 2019-03-31 07：07：07
数据可信度	数据单元对描述信息的可信程度
数据精度	数据单元描述信息的精度
数据体量	数据源或融合源的数量

4.3.3 服务器、工作站与路侧设施的系统时间同步误差不应大于 10ms，在时间同步源故障的情况下时间同步误差不应大于 20ms。

4.3.4 数据保存时间应符合下列规定：

1 音视频保存时间不应少于 60 天，宜对重要音视频长期保存。

2 交通事件图像保存时间不应少于 3 个月。

3 交通流、交通事件、交通气象环境与自动驾驶车辆传送的非音视频数据保存时间不应少于 5 年。

4.4 布设要求

4.4.1 路段云可安装在路段监控中心。

4.4.2 路段云可自建或租用，其场地、场地设施、资源池、运行维护等不应低于现行《云计算数据中心基本要求》（GB/T 34982）的有关规定。

5 交通感知设施

5.1 一般规定

5.1.1 交通感知设施应包括交通流检测设施、交通事件检测设施、基础设施状态监测设施、交通气象环境监测设施和交通参与者检测设施。

5.1.2 交通感知设施应能分别或联合实现交通流检测、交通事件检测、基础设施状态监测、交通气象环境监测、交通参与者检测等功能。

5.1.3 交通感知设施应具备通信功能。在通信正常情况下，应以设定的时间间隔上传数据，时间间隔可根据需求调整。若出现通信中断，通信恢复正常后可上传存储数据。

条文说明

根据具体的数据上传要求，时间间隔可以设定10s、20s、60s、300s等。

5.1.4 交通感知设施应具备状态监测、自诊断与报警功能。检测信号丢失、系统故障、网络通信故障等情况发生时，应能够自诊断、记录并报警。

5.1.5 交通感知设施应具备远程管理功能，支持远程数据配置、操作维护、版本升级等。

5.1.6 交通感知设施应能够按照自定义时间进行数据自动存储和断网后数据自动保存。本地应具备数据备份功能。

5.2 交通流检测设施

5.2.1 交通流检测设施应能按车道检测机动车车型、车流量、平均车速、车道时间占有率等信息。

5.2.2 交通流检测设施的性能应符合下列规定：

1　对机动车车型、车道时间占有率的检测准确率不应低于90%。对车流量、平均车速的检测准确率不应低于95%。

2　参数采集和上传周期宜在10～300s范围内可调。

5.2.3　交通流检测设施应按功能和方案要求布设。事故多发、交通易拥堵等路段宜加密布设。

5.3　交通事件检测设施

5.3.1　交通事件检测设施的功能应符合下列规定：

1　应具备停止事件、逆行事件、行人事件、抛洒物事件、拥堵事件、隧道火灾事件检测功能。应自动进行交通事件检测，获得交通事件位置、事件范围，输出检测结论，可具备报警信息提示功能。

2　应具备事件过程记录功能，可自动捕获并存储交通事件发生的过程信息，记录时长可按要求设定。

3　宜支持应用扩展功能，实现已有算法的在线升级和新算法的在线安装。

5.3.2　交通事件检测设施的性能应符合下列规定：

1　交通事件检测准确率不应低于96%。交通事件位置及事件范围的绝对误差不应大于1.5m。事件漏报率不应大于2%。24h工作时间内虚报次数不应超过1次。

2　停止、逆行、行人事件检测时间不应大于2s，抛洒物、拥堵事件检测时间不应大于5s，隧道火灾事件检测时间不应大于60s。

条文说明

1　参照《视频交通事件检测器》（GB/T 28789—2012）的定义，检测准确率是设备在正常工作状态中，交通事件发生时，系统正确检测并报警的次数占实际发生交通事件总次数的比率。漏报率是设备在正常工作状态中，交通事件发生但未能检测并报警的次数占实际发生交通事件总次数的比率。虚报数是设备在正常工作状态中，统计时间内并无交通事件发生而系统出现虚报警的次数。

2　事件检测时间包括交通事件算法检测时间和报警时间。

5.3.3　交通事件检测设施宜按功能和方案要求布设，互通立交区域、分合流区域、特殊路段、匝道、交通流量大的路段宜加密布设。

5.4　基础设施状态监测设施

5.4.1　基础设施状态监测设施应能监测路面状态、边坡状态、桥梁和隧道等结构物状态，可具备基础设施状态预警提示功能。

5.4.2 基础设施状态监测设施的功能应符合下列规定：
1 路面状态监测信息宜包括路面坑槽、路基塌陷等。
2 桥梁结构物状态监测信息宜包括桥梁变形与裂缝、结构振动等。
3 隧道结构物状态监测信息宜包括隧道变形、隧道表面开裂、隧道下沉等。
4 边坡状态监测信息宜包括边坡塌方、边坡滑落等。

条文说明

基础设施状态监测主要用于获取可能影响自动驾驶车辆运行的信息。

5.4.3 基础设施状态监测设施的性能应符合现行《公路桥梁结构监测技术规范》（JT/T 1037）等相关标准的有关规定。

5.4.4 基础设施状态监测设施的布设应符合下列规定：
1 路面状态监测设施宜在路基过渡段、软基路段、隧道出入口等重点区域布设。
2 边坡状态监测设施宜根据边坡类型、高度、周围环境以及公路等级等评定边坡失稳危害程度后布设。
3 桥梁结构物状态监测设施布设应符合现行《公路桥梁结构监测技术规范》（JT/T 1037）的有关规定。
4 隧道结构物状态监测设施宜根据隧道技术状况评定结果布设。

5.5 交通气象环境监测设施

5.5.1 交通气象环境监测设施的功能应符合下列规定：
1 监测项目应符合现行《公路交通气象监测设施技术要求》（GB/T 33697）的有关规定。
2 应重点监测能见度、路面温度、路面状况（干燥、潮湿、积水、结冰、积雪）、风速、风向等。

5.5.2 交通气象环境监测设施的性能应符合下列规定：
1 能见度、路面温度、路面状况（干燥、潮湿、积水、结冰、积雪）、风速、风向等监测项目性能指标应符合表5.5.2的规定。
2 路面状况监测应能够区分路面干燥、潮湿、积水、结冰、积雪等五种状态。
3 各监测项目采集输出频率不应低于1次/5min。

表 5.5.2 气象监测项目性能要求

测量项目		测量范围	分辨力	最大允许误差
能见度		10～2 000m	1m	±10%（≤1 500m）
				±20%（＞1 500m）
路面温度		−50～+80℃	0.1℃	±0.5℃
风速		0～60m/s	0.1m/s	±（0.5m/s+0.03v）（v为标准风速值）
风向		0°～360°	3°	±5°
路面状态	积水（水膜）深度、积雪层厚度、结冰层厚度等	≥0.1mm	0.1mm	±0.5mm
	冰点温度（仅限埋入式传感器）	−50～0℃	0.1℃	±0.5℃

5.5.3 交通气象环境监测设施的布设应符合下列规定：

1　应根据公路线形条件、沿线气象状况特点等进行布设。

2　存在多种恶劣气象条件的路段，应同时监测相应的环境参数，统筹气象监测设施的布设。

5.6　交通参与者检测设施

5.6.1　交通参与者检测设施应能实现对机动车、非机动车、行人等交通参与者的识别和定位。应能检测交通参与者类型、速度、位置、运动方向等特征信息。

5.6.2　交通参与者检测设施的性能应符合下列规定：

1　机动车、非机动车、行人等交通参与者类型检测率不应低于99%，目标检测精确率不应低于95%。

2　机动车、非机动车速度检测绝对误差不应大于3km/h，行人速度检测绝对误差不应大于1.5km/h。

3　交通参与者位置检测横向绝对误差不应大于0.5m，纵向绝对误差不应大于1m。

4　机动车运动方向航向角检测误差不应大于5°。

5　检测时延不应大于100ms。

条文说明

1　检测率是指设施正常工作状态下，交通参与者检测设施正确识别目标数量与应被识别的目标数量的比率。

5　检测时延包括算法检测时间和输出结果时间。

5.6.3　交通参与者检测设施宜按功能和方案要求布设。

6 交通控制与诱导设施

6.1 一般规定

6.1.1 交通控制与诱导设施应包括交通标志标线、数字交通标志标线、交通信号控制设施、交通信息发布设施、交通警示设施等。

6.1.2 交通控制与诱导设施应具备交通信息发布、交通警示等功能，向自动驾驶车辆提供交通规则、交通管控、交通诱导提示、交通警示等辅助信息。

6.1.3 交通控制与诱导设施所发布的交通信息应与自动驾驶云控平台、路侧计算设施等发布的交通信息统一，不得冲突。

6.1.4 交通控制与诱导设施宜采用自身配备的无线通信模块或对外通信接口传递交通信息，也可采用字符、图形、形状、颜色等物理形式表示与发布交通信息。自身配备的无线通信模块应符合本指南第7章的有关规定。

6.1.5 交通控制与诱导设施应具备状态监测功能，在检测信号丢失、系统故障、网络通信故障、发布信息不一致等情况下，应能够自诊断、告警或自动停用。

6.2 交通标志标线

6.2.1 交通标志标线应符合现行《道路交通标志和标线》（GB 5768）、《公路交通标志和标线设置规范》（JTG D82）和《公路交通安全设施施工技术规范》（JTG/T 3671）的有关规定。

6.2.2 交通标志宜采用V类反光膜，光学性能应符合现行《道路交通反光膜》（GB/T 18833）的有关规定。

6.2.3 当交通标线设置在混凝土路面等浅色路面时，应采取增加标线对比度的措施，光学性能应符合现行《道路交通标线质量要求和检测方法》（GB/T 16311）的有关规定。

6.3 数字交通标志标线

6.3.1 数字交通标志标线信息编码应由位置、适用范围、有效时间、交通标志标线信息、校验信息等构成，编码主要内容宜符合表 6.3.1 的规定。

表 6.3.1 数字交通标志标线信息编码主要内容

主要项目	包含的内容
位置	交通标志标线布设的地理位置
适用范围	交通标志标线适用的路段范围、行车方向、车道、车型等
有效时间	交通标志标线信息在区域路段内有效的时间范围
交通标志标线信息	交通标志标线的类别、信息内容、附加说明等
校验信息	用于数字交通标志标线编码的校验

6.3.2 数字交通标志标线的功能应符合下列规定：
1 应具备数据存储功能，存储交通规则、道路状态等信息。当交通标志标线变更时，应同步变更数字交通标志标线的相关信息，并与交通标志标线保持一致。
2 应具备通信接口，接收自动驾驶云控平台或路侧计算设施等发送的交通信息。
3 应根据交通运营管理的要求，按需变更数字交通标志标线所承载的交通信息。

6.3.3 数字交通标志标线的性能应符合下列规定：
1 应支持向其覆盖范围内的所有自动驾驶车辆发布交通信息。
2 信息发布前置距离宜根据所承载的信息量、信息类别、信息传输性能等因素综合设定，满足自动驾驶车辆辨识与响应的时间需求。

6.3.4 数字交通标志标线的设置应进行统一规划，可进行区域布设或连续布设。

6.4 交通信号控制设施

6.4.1 交通信号控制设施应包括路口交通信号控制设施、车道通行信号控制设施、匝道通行信号控制设施、隧道交通信号控制设施、避险车道信号控制设施等。

6.4.2 交通信号控制设施宜通过自身配备的无线通信模块或对外通信接口实时发送信号灯当前工作状态、相位列表及各相位状态配时等数据。

6.4.3 交通信号控制设施应符合现行《道路交通信号灯》（GB 14887）、《道路交通信号控制机》（GB 25280）、《道路交通信号控制系统通用技术要求》（GB/T 39900）、

《道路交通信号控制机信息发布接口规范》（GA/T 1743）和《匝道控制系统设置要求》（GB/T 34599）的有关规定。

6.5 交通信息发布设施

6.5.1 交通信息发布设施应包括可变信息标志、可变限速标志等。

6.5.2 交通信息发布设施宜通过自身配备的无线通信模块或对外通信接口发送交通路况、交通管控、交通限速、交通诱导与提示等信息。

6.5.3 可变信息标志应符合现行《高速公路 LED 可变信息标志》（GB/T 23828）和《道路交通信息服务 通过可变情报板发布的交通信息》（GB/T 29103）的有关规定。

6.5.4 可变限速标志应符合现行《高速公路 LED 可变限速标志》（GB 23826）的有关规定。

6.6 交通警示设施

6.6.1 交通警示设施应包括黄闪警示灯、雾灯、临时安全警示灯、行车安全诱导装置等。

6.6.2 交通警示设施应具备危险路段的交通安全警示功能。

6.6.3 交通警示设施宜通过自身配备的无线通信模块或对外通信接口发送警示位置、警示范围、警示内容、警示有效时间等信息。

6.6.4 交通警示设施宜具备可扩展的现场警示功能，可接收紧急车辆传送的信息并发布。

6.6.5 黄闪警示灯、雾灯、临时安全警示灯等应符合现行《交通警示灯》（GB/T 24965）的有关规定。

6.6.6 行车安全诱导装置应符合现行《雾天公路行车安全诱导装置》（JT/T 1032）的有关规定。

7 通信设施

7.1 一般规定

7.1.1 通信设施应包括通信传输网、直连通信设施和蜂窝移动通信设施等。

7.1.2 通信设施应能实现自动驾驶云控平台、路侧设施和自动驾驶车辆之间的信息交互。

7.2 通信传输网

7.2.1 通信传输网组网结构应根据实际需求选择，并符合下列规定：
1 在用于支持云计算相关应用时，路侧计算设施与自动驾驶云控平台间宜采用星形或环形网络拓扑结构。
2 路侧计算设施之间宜采用环形网络拓扑结构。

7.2.2 通信传输网宜采用光传送网（OTN）、同步数字体系/多业务传送平台（SDH/MSTP）光纤传输网组建，也可采用分组传送网（PTN）和以太网组建。

7.2.3 通信传输网可采用100Gbit/s或10Gbit/s速率设备。在采用光传送网技术时，OTN设备交叉能力不宜低于4.8Tbit/s。

7.2.4 在用于支持云计算相关应用时，应符合下列规定：
1 路侧计算设施与自动驾驶云控平台间的通信时延不宜大于100ms。
2 路侧计算设施之间的通信时延不宜大于60ms。

条文说明

通信时延指用户数据的通信编码、链路传输和通信解码所需的时间总和。

7.2.5 通信传输网作为高速公路干线传输网时，应符合现行《高速公路监控与通信设施设计细则》（JTG/T 3383-02）的有关规定。

7.3 直连通信设施功能要求

7.3.1 直连通信设施应能与自动驾驶车辆通过直连无线方式进行消息传送，并符合下列规定：

1 在短信息推送、通信实时性要求较低的应用中，应支持广播方式的消息传送机制。通信实时性要求较低的应用场景示例见本指南附录 B 表 B.1 中的基础应用和 Ⅰ 类应用。

2 在通信实时性要求较高的应用中，应支持广播和单播方式的消息传送机制，宜支持组播的消息传送机制。通信实时性要求较高的应用场景示例见本指南附录 B 表 B.1 中的 Ⅱ 类应用。

7.3.2 直连通信设施应具备参数配置、性能监测、故障监测与排除、安全管理和软件管理等远程管理功能。

7.3.3 直连通信设施宜具备为自动驾驶车辆提供时钟同步信号的功能。

7.3.4 数据接口和协议应符合下列规定：
1 应支持 TCP/IP、UDP/IP 传输协议，宜支持 HTTP、MQTT 等协议。
2 安全接口应支持 TLS 或 DTLS 协议。
3 网络管理协议宜为 TR069、SNMP、HTTPS 或 MQTT 中的一种。

7.4 直连通信设施性能要求

7.4.1 在通信实时性要求较低的应用中，安全类应用的直连通信时延不应大于 50ms，非安全类应用的直连通信时延不应大于 200ms。在通信实时性要求较高的应用中，直连通信时延不宜大于 5ms。

条文说明

根据已公开的研究成果，自动驾驶一般应用场景中，车辆与路侧设施之间传输消息的最大迟延可以大于 100ms。车辆编队、高级别驾驶、传感共享和远程驾驶等增强型场景中，车辆与路侧设施之间可承受最大通信时延处于 3~100ms 之间。

综合考虑当前常见直连通信设备的性能水平，一般应用中的安全类应用，通信时延控制在 50ms 之内；非安全类应用，通信时延要求放宽至 200ms。

增强型场景中，远程驾驶应用对传输时延要求最为苛刻，不应大于 5ms；其他增强型场景与此类似，通信时延控制在 5ms 之内。

7.4.2 在通信实时性要求较低的应用中，应用层 PDU 最大发送频率不应低于10Hz。在通信实时性要求较高的应用中，应用层 PDU 最大发送频率不宜低于15Hz。

7.4.3 在短信息推送时，应用层 PDU 有效载荷不应小于50Bytes。在通信实时性要求较低的应用中，应用层 PDU 有效载荷不应小于300Bytes。

7.4.4 在通信实时性要求较低的应用中，有效通信范围内应用层数据包传输可靠性不应低于95%。在通信实时性要求较高的应用中，有效通信范围内应用层数据包传输可靠性不宜低于99%。

7.4.5 应支持自动驾驶车辆行驶速度不大于160km/h的车路通信应用中的数据传输。

7.4.6 在通信实时性要求较高的应用中，直连通信设施的通信距离不应小于300m，端对端用户数据总带宽不宜小于50Mbit/s。

7.5 直连通信设施布设要求

7.5.1 应按功能设计要求确定直连通信设施的布设方案。可采用沿线直连无线信号全覆盖的连续布设、路侧点状布设或分段布设的方案。

7.5.2 布设间距应根据公路最大服务交通量和设计速度等因素确定，并符合下列规定：
 1 隧道、弯道等特殊路段，应根据实际情况调整布设间距。
 2 符合现行《基于 LTE 的车联网无线通信技术 总体技术要求》（YD/T 3400）和《基于 LTE 的车联网无线通信技术 空中接口技术要求》（YD/T 3340）的直连通信设施，可按表7.5.2估算布设间距。

表7.5.2 直连通信设施布设间距取值

设计速度（km/h）	公路最大服务交通量（pcu/h）	布设间距取值范围（m）
120	≥7 800	200~400
120	<7 800	400~800
100	≥6 500	200~400
100	<6 500	400~800
80	≥5 200	200~400
80	<5 200	400~800
60	≥3 900	200~400
60	<3 900	400~800

7.5.3 符合现行《电子收费 专用短程通信》（GB/T 20851）的直连通信设施，应按公路电子不停车收费车路通信拓展服务的有关规定进行布设。

7.6 蜂窝移动通信设施

7.6.1 蜂窝移动通信设施的布设应符合通信领域国家及行业相关标准的有关规定。

8 定位设施

8.1 一般规定

8.1.1 定位设施可分为高精度导航卫星定位设施和路侧辅助定位设施。高精度导航卫星定位设施适用于卫星导航信号可用的环境，路侧辅助定位设施适用于隧道内部、高架桥下等卫星导航信号不可用的环境。

8.1.2 定位设施应能为自动驾驶车辆和公路相关设施提供定位辅助信息。

8.2 高精度导航卫星定位设施

8.2.1 高精度导航卫星定位设施应包括基准站、控制站和服务数据播发设备，如图8.2.1所示。基准站中至少应包括1个监测基准站。

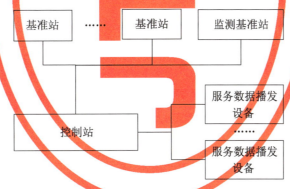

图 8.2.1 高精度导航卫星定位设施构成

8.2.2 高精度导航卫星定位设施应能够进行卫星导航增强信息的生成与播发。

8.2.3 基准站功能应符合下列规定：

1 采集观测 GNSS 导航信号应包括导航信号的伪距、载波相位、多普勒频移、载噪比和导航电文等原始观测数据。

2 原始观测数据与基准站运行状态监测数据应进行本地存储。

3 原始观测数据、星历数据和气象数据等主要观测数据应上报控制站。星历数据发生更新时，原始观测数据应以实时数据流方式传输上报；其他情况下可采用文件方式传输上报。

　　4 应具备基准站参数设定、启动和停止运行控制、原始数据采样频率控制、定位基准控制和运行状态监测等远程控制管理功能。

8.2.4 监测基准站除应符合基准站的有关规定外，还应具备卫星导航增强信息数据的质量评估监测功能，以及向控制站上报监测数据丢失率、传输延迟、定位结果等数据的功能。

8.2.5 基准站性能应符合下列规定：
　　1 基准站接收机原始观测数据采样时间间隔不应大于1s。
　　2 原始观测数据传输时延不应大于20ms。
　　3 在实时数据流传输模式下，原始观测数据传输间隔应为1s，气象数据传输间隔应为10s，星历数据传输间隔应为15s。
　　4 基准站本地时间与北斗卫星导航系统时间的同步误差不应大于50ns。
　　5 基准站日观测数据可用率不应小于95%。
　　6 原始观测数据、基准站告警及故障数据本地存储能力不应少于30天。基准站维护保障功能应符合现行《北斗地基增强系统基准站建设和验收技术规范　第1部分：建设规范》（GB/T 39772.1）的有关规定。

8.2.6 控制站应符合下列规定：
　　1 应能以实时数据流模式或文件模式接入基准站数据，包括原始观测数据、星历数据和气象数据。
　　2 应具备基准站数据的解析、筛选和格式规范化处理功能。
　　3 应能生成卫星导航增强信息数据，并对其质量进行监测。
　　4 增强数据格式宜符合现行《卫星导航地基增强系统数据处理中心数据接口规范》（GB/T 37018）所规定的数据产品分类、封装及格式的相关要求。
　　5 应具备数据分类存储和重要数据的本地备份功能。
　　6 应具备基准站数据和卫星导航增强信息数据的分发与共享功能。
　　7 应具备历史数据质量分析功能，能够形成月度、季度和年度报告，并对数据接入、分发情况进行记录和统计。
　　8 应具备基准站远程控制管理功能。当卫星导航增强信息数据质量、监测数据丢失率、传输延迟、定位结果等数据异常时，应能向系统管理员和用户发出警报。
　　9 时钟信号用于外部系统及设备时钟同步时，时钟信号误差不应大于100ns。
　　10 数据处理、计算延迟不宜大于20ms。

8.2.7 服务数据播发设备应符合下列规定：
　　1 应具备卫星导航增强信息数据的广播发布功能。

2 使用移动通信网络、中国移动多媒体广播和调频频段数字音频广播播发增强信息数据时，应符合现行《卫星导航地基增强系统播发接口规范》（GB/T 37019）系列标准的有关规定。

3 使用互联网等方式播发增强信息数据时，应符合现行《卫星导航增强信息互联网传输》（GB/T 34966）系列标准的有关规定。

4 使用数传电台等方式播发增强信息数据时，无线信号制式应符合 RTCM（国际海运事业无线电技术委员会）和 RTCA（航空无线电技术委员会）的电文协议规范和现行《交通运输卫星导航增强应用系统 第 2 部分：差分数据电文》（JT/T 1160.2）的有关规定。

8.2.8 定位设施的布设应符合下列规定：
1 公共位置服务能够满足应用需求时，宜使用公共位置服务。无公共位置服务或服务不能够满足应用需求时，可按照功能和方案要求布设高精度导航卫星定位设施。
2 基准站布设间距不应大于 70km，布设点位与公路路线等振动源的直线距离应大于 200m。
3 基准站布设点位应具有良好的卫星通视条件，避开电磁干扰区域。宜按照现行《北斗地基增强系统基准站建设和验收技术规范 第 1 部分：建设规范》（GB/T 39772.1）的选点要求实施。
4 控制站可与自动驾驶云控平台合并建设，也可单独布设。应配备专用的计算、存储、网络等资源。
5 服务数据播发设备可单独布设，也可与通信设施合并建设。

条文说明

目前全国北斗地基增强系统在其所覆盖的区域可以提供厘米级精度的公共位置服务，能够满足部分自动驾驶应用需求。

8.3 路侧辅助定位设施

8.3.1 路侧辅助定位设施应能在无法接收卫星导航信号时，为车辆提供辅助定位服务。长度超过 3km 的隧道内部，或长度超过 3km 的连续高架桥下，可布设路侧辅助定位设施。

8.3.2 路侧辅助定位设施可采用基于无线通信技术或设置路侧特征标识物的方案实现。

8.3.3 路侧辅助定位设施应能够沿行车方向提供相对定位精度高于 2m 的定位服务。

8.3.4 基于无线通信技术的路侧辅助定位设施应具备服务质量监测、自动故障检测报警和远程控制管理等功能。

8.3.5 基于特征标识物方案的路侧辅助定位设施，应在符合《公路工程技术标准》（JTG B01—2014）第3.6.1条规定的限界外布设，并应符合下列规定：
    1　特征标识物的长、宽、高总和不应小于1.5m。长宽高任意一项长度不应小于0.1m。
    2　布设间距不应大于75m。纵向位置误差不应超过1m。可双侧布设。
    3　特征标识物上沿与行车路面的垂直间距不应超过3m。

9 路侧计算设施

9.1 一般规定

9.1.1 路侧计算设施应具备接入数据的处理、融合、信息转发交换,以及接入设备的监测和控制管理等功能。

9.2 功能要求

9.2.1 路侧计算设施的数据处理与融合应符合下列规定:
1 用于处理单类型感知设备数据时,功能和接口应根据感知设备特点确定。
2 用于处理多类型感知设备数据时,应能对目标形成完整、准确的唯一表述信息,同时还应能对多类型感知设备数据进行融合计算、判断,并实现对目标的识别及对事件的判别,形成面向自动驾驶车辆的辅助信息。
3 应能够存储交通感知设施数据、自身状态监测与故障数据,以及融合计算结果数据。

9.2.2 路侧计算设施应具备交通感知数据、车辆数据的转发与交换功能,以及与自动驾驶云控平台的数据交互功能。

9.2.3 路侧计算设施应具备接入设备的运行状态自动检测与故障信息上报功能,以及自身资源监测与告警信息上报功能。

9.2.4 路侧计算设施出现故障时,应具备故障自动恢复功能。对于无法自动恢复的故障,应能自动执行中止运行或关闭部分功能等应急措施。

9.2.5 数据接口和协议应符合下列规定:
1 应支持 TCP/IP、UDP/IP 传输协议,宜支持 HTTP、MQTT 等协议。
2 安全接口应支持 TLS 或 DTLS 协议。
3 网络管理协议宜为 TR069、SNMP、HTTPS 或 MQTT 中的一种。

9.2.6 路侧计算设施的数据存储空间容量应可扩展。存储时长可按管理需要确定。

9.2.7 支持云计算功能的路侧计算设施应符合下列规定：
1 应采用云计算的技术架构，全线或一定范围内的路侧计算设施应具备资源协同功能，并支持统一的资源调配管理。
2 设施运行异常时，应能够支持自动驾驶云控平台或其他路侧计算设施完成业务接管。

9.2.8 路侧计算设施的算法、模型和软件应符合下列规定：
1 应支持批量快速安装，并具备相关的注册服务与管理功能。
2 应具备远程更新和扩展功能。更新过程中应保持设施稳定运行。
3 运行过程中，应保持与自动驾驶云控平台的协同和数据互通。运行状态应实时接受自动驾驶云控平台的监控。

9.2.9 路侧计算设施宜支持商用验证的高可靠性开源操作系统。支持云计算的路侧计算设施应安装商用验证的高可靠性云操作系统。

9.3 性能要求

9.3.1 数据融合结果输出频率不应低于10Hz。

9.3.2 以太网接口应支持10/100BASE-T全双工通信。

9.3.3 UTC时间同步误差不宜超过5ms。

9.4 布设要求

9.4.1 路侧计算设施应根据应用需求和设备性能确定布设方案，可单点布设或连续布设。

9.4.2 路侧计算设施宜与公路收费设施、通信设施等同址布设，可配设室外一体化机柜或小型机房。

10 供配电设施

10.0.1 供配电设施应为公路工程设施支持自动驾驶提供持续、稳定、可靠的电能供给。

10.0.2 供配电设施应具备实时监测供电状态、供配电设备工作状态，故障警告及远程管理等功能。

10.0.3 供配电设施应具备防雷击、防电涌冲击等隔离防护功能。宜具备电涌保护远程监控功能。

10.0.4 供配电设施应根据用电设施规模及分布、负荷等级、负荷容量、电源条件等，确定外部电源、自备应急电源的供配电方案，应符合现行《高速公路交通工程及沿线设施设计通用规范》（JTG D80）、《公路隧道设计规范 第二册 交通工程与附属设施》（JTG D70/2）中的有关规定。

10.0.5 公路工程设施支持自动驾驶时，应为一级电力负荷，应配备应急电源，应急电源的设计应符合现行《供配电系统设计规范》（GB 50052）的有关规定。

10.0.6 供配电设施建设应综合考虑供电电压、功率因数、电能质量、供能效率等因素，并符合现行《电能质量 供电电压偏差》（GB/T 12325）、《电能质量 电力系统频率偏差》（GB/T 15945）、《电能质量 三相电压不平衡》（GB/T 15543）、《电能质量 电压波动和闪变》（GB/T 12326）、《电能质量 公用电网谐波》（GB/T 14549）的有关规定。

11 网络安全设施

11.1 一般规定

11.1.1 公路工程设施应满足物理环境、通信网络、区域边界、计算环境、管理中心等安全通用要求，以及云计算、移动互联、物联网、工业控制系统等安全扩展要求。

11.1.2 公路工程设施支持自动驾驶应采用交通运输行业密钥管理与证书认证系统构建统一的网络信任体系，实现应用系统的安全认证，保护数据传输的保密性和完整性，支持车路通信各终端互联互信。

11.1.3 自动驾驶云控平台的网络安全等级不应低于《信息安全技术 网络安全等级保护基本要求》(GB/T 22239—2019)中的第三级安全要求；路侧设施不应低于《信息安全技术 网络安全等级保护基本要求》(GB/T 22239—2019)中的第二级安全要求。

11.1.4 公路工程设施支持自动驾驶的数据应按《公路水路交通运输数据分类分级指南》的有关规定进行分级分类管理。

11.2 路侧设施安全物理环境要求

11.2.1 路侧设施应布设在具有防盗、防破坏条件的环境。路侧设施及主要部件应进行固定。室外机柜应具备硬件防盗设计，柜体无裸露可拆卸部件。可通过电子门锁、视频监控、设备状态监测等手段对室外机柜开启情况进行监控记录，及时发现设备的丢失、损坏等异常状态。

11.2.2 布设应远离强电磁干扰环境；难以避免时，应采取电磁屏蔽措施，避免电磁干扰。

11.2.3 室外机柜内部应安装防雷和接地保护装置，具备防雷击和防浪涌冲击的能力。

11.2.4 室外机柜宜安装剩余电流式电气火灾监控探测器、测温式电气火灾监控探测器等防火监测设备，柜体应采用钢板或其他防火材料。

11.2.5 室外机柜应具备防尘、防水、防潮设计，防护等级不应低于 IP55。

11.2.6 工作温度范围应满足 -20 ~ +55℃（寒区 -35 ~ +40℃），湿度范围应满足 5% ~ 95%（无凝露），可根据项目地区气候地理条件调整。

11.3 路侧设施安全通信网络要求

11.3.1 网络架构应符合下列规定：
1 应保证网络带宽满足业务需要。
2 应根据业务职能、信息重要性等因素划分不同的网络区域，并单独划分测试区域。应采取有效措施对各网络区域进行网络安全技术隔离，并按照便捷管理和集约管控的原则为各个网络区域分配地址。
3 通信传输应提供链路冗余，关键通信设备宜采用双机备份。

11.3.2 通信传输应符合下列规定：
1 应采用校验技术或数字证书、数字签名、消息认证等密码技术保证通信过程中数据的完整性。
2 应采用密码技术保证通信过程中的保密性。
3 应采用 SSL、IPsec 等密码技术保证路侧设施与自动驾驶云控平台通信过程中数据的保密性。
4 应采用数字信封等密码技术，对交通感知设施采集的敏感数据进行加密传输。
5 采用蜂窝移动通信设施作为通信网络时，应要求通信运营商对公众通信、车路通信等通信网络采取必要的安全隔离措施，以保证通信安全。
6 密码技术、密码产品包含密码模块时，密码模块安全等级不应低于《信息安全技术　密码模块安全要求》（GB/T 37092—2018）中的安全二级。密码算法、密码技术、密码产品和密码服务应满足国家密码管理法律法规相关要求。

11.3.3 可信验证应符合下列规定：
1 可基于可信根对通信设施的系统引导程序、系统程序、重要配置参数和通信应用程序等进行可信验证。
2 在应用程序的关键执行环节进行动态可信验证，在检测到其可信性受到破坏后向自动驾驶云控平台进行信息告警。

11.4 路侧设施安全区域边界要求

11.4.1 边界防护应符合下列规定：
1 应通过防火墙等边界防护设备，保证跨越网络区域边界的访问和数据流通过边界设备提供的受控接口进行通信。
2 应支持对非授权设备私自联到内部网络的行为进行检查或限制，能够对终端或用户非授权连接到外部网络的行为进行检查或限制，阻止非授权访问。

11.4.2 访问控制应符合下列规定：
1 应在划定的网络区域边界防护设备上根据访问控制策略设置访问控制规则。默认情况下，除允许的通信外，受控接口拒绝所有通信。
2 应优化安全设备的访问控制列表，删除多余或无效的访问控制规则，使访问控制规则数量最小化。
3 应支持根据会话状态信息为数据流提供明确的允许/拒绝访问的能力，控制级别为传输层端口级，对源地址、目的地址、源端口、目的端口和协议等进行检查，确定是否允许数据包进出该区域边界。

11.4.3 入侵防范应符合下列规定：
1 应在关键网络节点处检测网络攻击行为。
2 检测到攻击行为时，应记录攻击源 IP、攻击类型、攻击目标、攻击时间。发生严重入侵事件时应及时报警。

11.5 路侧设施安全计算环境要求

11.5.1 身份鉴别应符合下列规定：
1 应对路侧设施管理员进行身份标识和鉴别，且保证用户名在系统整个生存周期具有唯一性。
2 宜采用数字证书、数字签名等密码技术进行身份鉴别。当只采用"用户名+口令"鉴别方式时，用户口令应由大小写英文字母、数字、特殊字符 3 种以上组成，长度不少于 8 位，每 90 天应更换一次密码。
3 应具备登录失败处理功能，登录失败后采取结束会话、限制非法登录次数和自动退出等措施，连续 5 次登录失败锁定不少于 10min。
4 远程管理时，应采取 SSH、HTTPS 等方式防止鉴别信息在网络传输过程中被窃听。

11.5.2 访问控制应设定特定终端或网络地址范围，对通过网络进行远程管理的终端进行限制。

11.5.3 安全审计应符合下列规定：

1 应具备安全审计功能，审计覆盖到每个远程连接管理的用户，对重要的用户行为和重要安全事件进行审计。

2 审计记录应包括事件的日期和时间、用户、事件类型、事件是否成功及其他与审计相关的信息。

3 应对审计记录进行保护，定期备份，避免受到未预期的删除、修改或覆盖等。

4 应对审计进程进行保护，防止未经授权的中断。

11.5.4 入侵防范应符合下列规定：

1 应遵循最小安装原则，仅安装需要的组件和应用程序，关闭不必要的系统服务、默认共享和高危端口。

2 应通过统一管理系统等手段，检测漏洞，并在经过充分测试评估后，及时修补漏洞。

3 应监测入侵行为，发生严重入侵事件时应及时报警。

4 应严格管控U盘、移动光驱等外部存储设备，并移除或限制各类路侧设施硬件设备的外接存储接口。

5 服务器、网络设备、安全设备、服务器操作系统宜采用国产自主可控产品。

11.5.5 恶意代码防范应符合下列规定：

1 应采取免受恶意代码攻击的技术措施或主动防御机制及时识别入侵和病毒行为，并将其有效阻断。

2 应对服务器、终端设备进行统一恶意代码防范，支持防恶意代码的统一升级和管理。

附录 A 公路工程设施支持自动驾驶的典型应用场景配置示例

表 A 公路工程设施支持自动驾驶的典型应用场景配置示例

典型应用场景	供选择的技术方案	配置示例
合流区碰撞预警	方案1：通过交通感知设施采集合流区交通运行状态，将监测数据传输至合流区路侧计算设施，经过路侧计算设施分析处理，当判断存在碰撞危险时，通过通信设施发布预警信息	交通感知设施（交通参与者检测设施）、路侧计算设施、通信设施（直连通信设施）、供配电设施、网络安全设施
合流区碰撞预警	方案2：通过交通感知设施采集合流区交通运行状态，将监测数据传输至合流区路侧计算设施，经过路侧计算设施分析处理，当判断存在碰撞危险时，通过交通控制与诱导设施发布预警信息	交通感知设施（交通参与者检测设施）、路侧计算设施、交通控制与诱导设施、供配电设施、网络安全设施
道路危险状况警示	方案1：通过交通感知设施采集基础设施状态、路面状态等信息，将监测数据传输至自动驾驶云控平台，经过自动驾驶云控平台分析处理，当判断存在道路危险状况时，通过通信设施发布警示信息	自动驾驶云控平台、交通感知设施（基础设施状态监测设施、交通气象环境监测设施）、通信设施（蜂窝移动通信设施或直连通信设施）、供配电设施、网络安全设施
道路危险状况警示	方案2：通过交通感知设施采集基础设施状态、路面状态等信息，将监测数据传输至自动驾驶云控平台，经过自动驾驶云控平台分析处理，当判断存在道路危险状况时，通过交通控制与诱导设施发布警示信息	自动驾驶云控平台、交通感知设施（基础设施状态监测设施、交通气象环境监测设施）、交通控制与诱导设施、供配电设施、网络安全设施
道路危险状况警示	方案3：通过交通感知设施采集基础设施状态、路面状态等信息，将监测数据传输至路侧计算设施，经过路侧计算设施分析处理，当判断存在道路危险状况时，通过通信设施发布警示信息	交通感知设施（基础设施状态监测设施、交通气象环境监测设施）、路侧计算设施、通信设施（直连通信设施）、供配电设施、网络安全设施
道路危险状况警示	方案4：通过交通感知设施采集基础设施状态、路面状态等信息，将监测数据传输至路侧计算设施，经过路侧计算设施分析处理，当判断存在道路危险状况时，通过交通控制与诱导设施发布警示信息	交通感知设施（基础设施状态监测设施、交通气象环境监测设施）、路侧计算设施、交通控制与诱导设施、供配电设施、网络安全设施

续表 A

典型应用场景	供选择的技术方案	配置示例
限速提示/限行提示	方案1：自动驾驶云控平台根据路段限速/限行的交通管理措施，通过交通控制与诱导设施发布限速/限行提示信息	自动驾驶云控平台、交通控制与诱导设施、供配电设施、网络安全设施
	方案2：自动驾驶云控平台根据路段限速/限行的交通管理措施，通过通信设施向相关车辆发布限速/限行提示信息	自动驾驶云控平台、通信设施（蜂窝移动通信设施或直连通信设施）、供配电设施、网络安全设施
交通参与者碰撞预警	方案1：通过交通感知设施采集交通参与者状态信息，将监测数据传输至路侧计算设施，经过路侧计算设施分析处理，当判断存在交通参与者碰撞危险时，通过通信设施发布预警信息	交通感知设施（交通事件检测设施、交通参与者检测设施）、路侧计算设施、通信设施（直连通信设施）、供配电设施、网络安全设施
	方案2：通过交通感知设施采集交通参与者状态信息，将监测数据传输至路侧计算设施，经过路侧计算设施分析处理，当判断存在交通参与者碰撞危险时，通过交通控制与诱导设施发布预警信息	交通感知设施（交通事件检测设施、交通参与者检测设施）、路侧计算设施、交通控制与诱导设施、供配电设施、网络安全设施
二次事故预警	方案1：通过交通感知设施采集交通事故信息，将检测数据传输至路侧计算设施，经过路侧计算设施分析处理，当判断存在二次事故碰撞危险时，通过通信设施发布预警信息	交通感知设施（交通事件检测设施、交通参与者检测设施）、路侧计算设施、通信设施（直连通信设施）、供配电设施、网络安全设施
	方案2：通过交通感知设施采集交通事故信息，将检测数据传输至路侧计算设施，经过路侧计算设施分析处理，当判断存在二次事故碰撞危险时，通过交通控制与诱导设施发布预警信息	交通感知设施（交通事件检测设施、交通参与者检测设施）、路侧计算设施、交通控制与诱导设施、供配电设施、网络安全设施
	方案3：通过交通感知设施采集交通事故信息，将检测数据传输至自动驾驶云控平台，经过自动驾驶云控平台分析处理，当判断存在二次事故碰撞危险时，通过通信设施发布预警信息	自动驾驶云控平台、交通感知设施（交通事件检测设施、交通参与者检测设施）、通信设施（蜂窝移动通信设施或直连通信设施）、供配电设施、网络安全设施
	方案4：通过交通感知设施采集交通事故信息，将检测数据传输至自动驾驶云控平台，经过自动驾驶云控平台分析处理，当判断存在二次事故碰撞危险时，通过交通控制与诱导设施发布预警信息	自动驾驶云控平台、交通感知设施（交通事件检测设施、交通参与者检测设施）、交通控制与诱导设施、供配电设施、网络安全设施

续表 A

典型应用场景	供选择的技术方案	配置示例
超视距障碍物预警	方案1：通过交通感知设施采集道路上出现的障碍物信息，将监测数据传输至路侧计算设施，经过路侧计算设施分析处理，当判断障碍物可能影响行车安全时，通过通信设施发布预警信息	交通感知设施、路侧计算设施、通信设施（直连通信设施）、供配电设施、网络安全设施
	方案2：通过交通感知设施采集道路上出现的障碍物信息，将监测数据传输至路侧计算设施，经过路侧计算设施分析处理，当判断障碍物可能影响行车安全时，通过交通控制与诱导设施发布预警信息	交通感知设施、路侧计算设施、交通控制与诱导设施、供配电设施、网络安全设施
	方案3：通过交通感知设施采集道路上出现的障碍物信息，将监测数据传输至自动驾驶云控平台，经过自动驾驶云控平台分析处理，当判断障碍物可能影响行车安全时，通过通信设施发布预警信息	交通感知设施、自动驾驶云控平台、通信设施（蜂窝移动通信设施或直连通信设施）、供配电设施、网络安全设施
	方案4：通过交通感知设施采集道路上出现的障碍物信息，将监测数据传输至自动驾驶云控平台，经过自动驾驶云控平台分析处理，当判断障碍物可能影响行车安全时，通过交通控制与诱导设施发布预警信息	交通感知设施、自动驾驶云控平台、交通控制与诱导设施、供配电设施、网络安全设施
前方拥堵提示	方案1：通过交通感知设施采集交通运行状态信息，将监测数据传输至自动驾驶云控平台，经过自动驾驶云控平台分析处理，当判断存在拥堵或可能发生拥堵时，通过通信设施发布提示信息	自动驾驶云控平台、交通感知设施（交通流检测设施、交通事件检测设施）、通信设施（蜂窝移动通信设施或直连通信设施）、供配电设施、网络安全设施
	方案2：通过交通感知设施采集交通运行状态信息，将监测数据传输至自动驾驶云控平台，经过自动驾驶云控平台分析处理，当判断存在拥堵或可能发生拥堵时，通过交通控制与诱导设施发布提示信息	自动驾驶云控平台、交通感知设施（交通流检测设施、交通事件检测设施）、交通控制与诱导设施、供配电设施、网络安全设施
紧急车辆信号优先权/高优先级车辆让行提示	方案1：自动驾驶云控平台获取紧急车辆/高优先级车辆的运行状态信息与位置信息，通过通信设施发布让行提示信息	自动驾驶云控平台、通信设施（蜂窝移动通信设施或直连通信设施）、供配电设施、网络安全设施
	方案2：自动驾驶云控平台获取紧急车辆/高优先级车辆的运行状态信息与位置信息，通过交通控制与诱导设施发布让行提示信息	自动驾驶云控平台、交通控制与诱导设施、供配电设施、网络安全设施

续表 A

典型应用场景	供选择的技术方案	配置示例
高精度位置服务	在公共服务位置信号和服务精度满足需求的路段，优先利用公共服务位置信号，在不满足需求的路段，布设高精度导航卫星定位设施；在卫星信号弱或无法接收卫星信号的隧道内部、连续高架路下，布设路侧辅助定位设施，提供定位信息	通信设施、定位设施、供配电设施、网络安全设施
长隧道通行辅助	长隧道内导航卫星定位信号和服务精度不能满足需求时，布设路侧辅助定位设施，提供定位辅助。通过交通感知设施采集长隧道内的交通流、交通事件、长隧道状态等信息，将监测数据传输至路侧计算设施，经过路侧计算设施分析处理，当判断可能影响行车安全时，通过通信设施发布预警信息	交通感知设施、通信设施、定位设施、路侧计算设施、供配电设施、网络安全设施

附录 B 公路工程设施支持自动驾驶的典型车路通信应用场景说明

表 B.1 典型车路通信应用

类别	基础应用	Ⅰ类应用	Ⅱ类应用
安全类	合流区碰撞预警	左转辅助	车路一体化控制
	道路危险状况警示	盲区障碍物预警/变道辅助	车路协同感知
	限速提示/限行提示	超车碰撞预警	远程驾驶
	弱势交通参与者碰撞预警	紧急制动预警	—
	二次事故预警	异常车辆预警	—
	车内标牌	存在可能失控车辆预警	—
	超视距障碍物预警	—	—
非安全类	前方拥堵提示	车速引导	编队自动驾驶
	紧急车辆信号优先权/高优先级车辆让行提示	—	—

表 B.2 典型车路通信应用场景说明

	应用名称	应用场景说明
基础应用	合流区碰撞预警	当主车驶入合流区，与侧向行驶的远车存在碰撞危险时，对主车进行预警。该应用适用于互通、入口等存在合流区碰撞风险的路段
	道路危险状况警示	当车辆行驶到存在危险状况（如较深积水、路面深坑、道路湿滑、前方急转弯等）的路段时，对车辆进行预警。该应用适用于容易发生危险状况的路段，或者存在临时性道路危险状况的路段
	限速提示/限行提示	在车辆行驶过程中，出现车速过高、违反限行规定等情况时，对车辆进行提示或预警。该应用适用于有限速、限行规定的路段
	弱势交通参与者碰撞预警	在车辆行驶过程中，与周边行人、自行车、电动自行车等存在碰撞危险时，对车辆进行预警。该应用适用于存在弱势交通参与者的路段
	二次事故预警	当主车行驶前方发生交通事故，且可能导致主车与事故车辆发生二次碰撞危险时，对主车进行提示或预警。该应用适用于任何路段
	车内标牌	在车辆行驶过程中，当车辆收到路侧设施发送的交通标志标线信息时，进行交通标志标线信息提示。该应用适用于任何路段

续表 B.2

	应用名称	应用场景说明
基础应用	超视距障碍物预警	车辆行驶前方出现遗撒物、落石等影响车辆行驶的障碍物时，路侧设施将障碍物类型、位置等信息发送给车辆，对车辆进行预警。该应用适用于任何路段
	前方拥堵提示	车辆行驶前方发生交通拥堵时，路侧设施将拥堵路段位置、长度等信息发送给车辆，对车辆进行提示。该应用适用于任何路段
	紧急车辆信号优先权/高优先级车辆让行提示	在主车行驶过程中，行驶后方存在消防车、救护车和警车等有优先通行需求的车辆时，对主车进行让行提示。该应用适用于任何路段
Ⅰ类应用	左转辅助	主车在交叉路口左转过程中，与对向驶来的远车存在碰撞风险时，对主车进行预警和提示。该应用适用于公路交叉路口
	盲区障碍物预警/变道辅助	在主车行驶过程中，相邻车道上有车辆（与主车同向行驶）进入或即将进入主车盲区时，对主车进行预警。该应用适用于任何路段
	超车碰撞预警	在主车行驶过程中，远车借用逆向车道超车，并与逆向车道上正常行驶的主车存在碰撞危险时，对主车进行预警。该应用适用于双向2车道且允许逆向借道的路段
	紧急制动预警	在主车行驶过程中，前方远车紧急制动，且主车存在追尾碰撞危险时，对主车进行不同危险等级的预警提示。该应用适用于追尾碰撞事故多发路段
	异常车辆预警	当远车因车辆故障静止或缓慢行驶于道路上，并可能影响到主车正常行驶时，对主车进行提示或预警。该应用适用于任何路段
	存在可能失控车辆预警	当远车因车辆故障出现失控状态，并可能影响到主车正常行驶时，对主车进行提示或预警。该应用适用于任何路段
	最佳车速引导	在车辆行驶过程中，根据交通流量和交通管控等数据信息，以提高通行效率为目标，对车辆进行最佳车速引导。该应用适用于任何路段
Ⅱ类应用	车路一体化控制	将车辆、道路，以及相关的通信网络、计算设施等视为一个整体，以提升安全、提高效率和降低污染等为目标，对该系统进行自动化控制
	车路协同感知	在车辆行驶过程中，车辆与路侧设施对各自所获取到的交通、道路和环境感知信息进行全面、实时的交互共享
	远程驾驶	利用远程通信系统获取远端车辆的行驶道路环境信息，并对远端车辆进行驾驶控制
	编队自动驾驶	由人工驾驶或者自动驾驶的头车带领、若干自动驾驶车辆跟随，组成车辆队列；在行驶过程中通过保持一定的车距、车速和队列状态，实现车辆编队巡航

本指南用词用语说明

1 本指南执行严格程度的用词，采用下列写法：

1）表示很严格，非这样做不可的用词，正面词采用"必须"，反面词采用"严禁"；

2）表示严格，在正常情况下均应这样做的用词，正面词采用"应"，反面词采用"不应"或"不得"；

3）表示允许稍有选择，在条件许可时首先应这样做的用词，正面词采用"宜"，反面词采用"不宜"；

4）表示有选择，在一定条件下可以这样做的用词，采用"可"。

2 引用标准的用语采用下列写法：

1）在标准总则中表述与相关标准的关系时，采用"除应符合本指南的规定外，尚应符合国家和行业现行有关强制性标准的规定"。

2）在标准条文及其他规定中，当引用的标准为国家标准和行业标准时，表述为"应符合《××××××》（×××）的有关规定"。

3）当引用本指南中的其他规定时，表述为"应符合本指南第×章的有关规定"、"应符合本指南第×.×节的有关规定"、"应符合本指南第×.×.×条的有关规定"或"应按本指南第×.×.×条的有关规定执行"。